PROCÈS-VERBAL

DE LA FÊTE DE LA LIBERTÉ,

CÉLÉBRÉE LES 9 ET 10 THERMIDOR AN 5.

LA fête de la Liberté a été célébrée dans la commune de Touloufe le 9 & 10 Thermidor, conformément à la loi.

Un arrêté de l'adminiftration municipale publié le 7, avoit annoncé les préparatifs de cette cérémonie. Le 8 il y eut, à huit heures du foir, un feu de joie fur la place de la Maifon Commune, où affifta la municipalité en corps, avec un détachement de la garde foldée. Le 9, dès le point du jour, on dreffa une eftrade auprès de l'arbre de la Liberté; on voyoit fur cette eftrade un fimulacre de trône couvert d'un manteau tricolore, fur lequel on avoit placé des poignards, des torches, des mafques, & un livre, qui portoit en tête, conftitution de 1793. A neuf heures, des citoyens de tous les âges fe rendirent à la Maifon Commune; la cavalerie & les divers détachemens de la garde nationale fédentaire & en activité fe réunirent fur la place, conformément à l'invitation qui leur en avoit été faite. A dix heures & demie l'administration centrale, précédée de la musique & suivie d'un piquet de garde nationale, vint se joindre aux autres autorités constituées, & à onze heures le cortege sortit de la Maison Commune; arrivées auprès de l'estrade, les autorités s'y placèrent.

On avoit craint quelques jours auparavant, que la tranquillité publique ne fût troublée. L'assassinat atroce commis aux portes de Bordeaux sur un citoyen de Toulouse, étoit la cause de ces craintes; mais les exhortations à la paix des officiers municipaux, la vigilance de la police, les poursuites promptes & actives des tribunaux, tout avoit maintenu le calme, aussi l'affluence fut-elle même que pour les autres solemnités. Le citoyen Desbarreaux, président de l'administration municipale, se présente au milieu des autorités constituées, & commémore, par le discours suivant, la fête de la Liberté.

CITOYENS,

C'EST aujourd'hui que la tyrannie décemvirale vit rompre la corde de l'arc qu'elle avoit trop tendu; c'est aujourd'hui que les républicains, rendus à leur énergie première, purent sans crainte refaire entendre des hymnes à la patrie, & arracher le

oile dont les ficaires du dictateur avoient voilé
l'image de la Liberté. Heureux fi ce jour à jamais
mémorable n'avoit été fuivi d'une réaction fangui-
naire, dont les traits effrayans pour toute ame
fenfible doivent, ainfi que les affaffinats des triumvirs,
être à jamais effacés des pages de notre hiftoire.

Loin de nous ces ames féroces qui fe complaifent
à repaître leurs regards fur les cadavres de leurs
concitoyens & de leurs freres; loin de nous ces
cannibales terrifians qui, fous prétexte d'une ven-
geance défirée, affaffinent au nom de l'humanité
qu'ils outragent, & de la juftice qu'ils foulent aux
pieds. Des lois, des lois, & non du fang; ô
mes concitoyens! fans cela nous ferions des
monftres indignes du nom d'hommes, & des
vautours voués à l'exécration de tous les peuples.

Touloufains qui m'entendez, foyez fiers de ce
que dans cette Commune, que le royalifme calomnie,
& que tous les amis de la Liberté regardent comme
la terre promife, le crime n'y eft point érigé en
principe, ni l'affaffinat organifé comme dans tant
d'autres cantons, où l'on craint d'arborer les couleurs
nationales, & où le titre glorieux de républicains
dévoue celui qui a l'orgueil de le porter aux
poignards des fatellites falariés du prétendant de
Blanckenbourg. Ici les lois font en vigueur, la
conftitution de l'an 3 idolatrée, & c'eft en confervant
l'attitude majeftueufe & tranquille que je vous
vois prendre, que vous répondrez victorieufement

à ceux qui nous dénoncent & qui vous injurient. Y a-t-il un délit commis même loin de nos murs ? voyez comme les tribunaux s'empreffent & cherchent à découvrir les coupables & à faire punir le crime ; voyez la vigilance de la police pour tout prévoir & maintenir le calme dans la Cité. Quand vous favez les lois maintenues & exécutées avec cette vigueur, dormez donc avec confiance, & repofez avec fécurité fur la follicitude toujours active de vos magiftrats. Fuyez, fuyez les hommes qui ne s'occupent qu'à provoquer des excès qui tenteroient à vous foulever contre les autorités, pour amener une fubverfion totale & empêcher la juftice de faire fon cours. Eft-ce dans un pays où la police veille, où la conftitution eft en vigueur, que l'on fe livre à l'arbitraire ? C'eft là où la loi eft fans force, le magiftrat fans énergie, le gouvernement méconnu, la conftitution avilie, que le citoyen fe fouleve pour réfifter à l'oppreffion & éteindre les torches de l'anarchie ; mais quant on voit que le pacte focial eft facré pour ceux qui dirigent le rouage qui leur eft confié ; quant on voit qu'une impartialité févere anime chaque membre de l'autorité légitime, que le falut général eft le vœu prononcé de ceux que le peuple a élu pour être à fa tête, ceux qui s'ifolent de l'œil du magiftrat obfervateur, pour effayer de commettre des crimes, font des factieux que la patrie repouffe de fon fein, & que tous les républicains, amis des lois , fignalent aux tribunaux. Confervez donc , ô mes concitoyens , cette tenue tranquille & digne qui vous vaudra des injures de la part des ennemis de notre régénération fociale , mais qui nous permettra de vous préfenter fans ceffe aux yeux du gouvernement comme les vrais amis de l'ordre & de la liberté fans licence. Ne vous laiffez point imprégner de ces idées fubverfives de toute réconciliation amicale , dont par des crimes même on cherche à vous éloigner. Ah ! croyez , citoyens , que s'il y a des méchans fur la terre , il y a auffi un grand nombre d'hommes bons ; qu'une petite nuance , qui différencie quelquefois les opinions religieufes & politiques , ne doit pas être un obftacle à ce que vous vous aimiez. La haine n'eft acceffible qu'aux cœurs corrompus , & ces cœurs-là ne font pas les vôtres.

Vous fervirez d'exemple à la République entiere , vous prouverez à nos armées , à l'Europe qui vous contemple , que la révolution eft terminée , & qu'aucune des factions qui ont défolé notre patrie , n'a furvécu dans nos murailles , à l'acceptation de la conftitution républicaine de l'an 3.

Que le 9 Thermidor ne foit pas célébré en vain par nos adminiftrés ; que ce ne foit pas fans fruit que nous livrons aux flammes les poignards des décemvirs & la conftitution anarchique de 93. Vous êtes français , vous êtes républicains ; aucune vertu ne peut vous être étrangere ; répondez avec dignité à toutes les infinuations perfides qui vous feront faites, dites à tous les déforganifateurs qui tenteront de vous féduire : la conftitution eft chez nous en vigueur, les adminiftrations & les tribunaux tiennent fans paffion le livre de la loi ouvert à tous & pour tous, nous fommes toujours prêts à prêter main-forte à l'autorité légitime, & nous vouons à la même ignominie ceux qui auroient l'impudeur de provoquer au hideux royalifme, ou de reffufciter l'anarchie, de quelque manteau dont on l'afuble. Refpect à la conftitution de l'an 3, & vive la République !

Après ce difcours, fouvent interrompu par les applaudiffemens réitérés des fpectateurs, le préfident de l'adminiftration municipale enleva le manteau tricolore qui couvroit en partie les emblêmes de la tyrannie, & il mit le feu au trône décemviral ainfi qu'à la conftitution de 1793 ; pendant que ces objets étoient livrés aux flammes, l'artillerie fe fit entendre, & l'on entendit que les cris de *vive la République & haine éternelle à la tyrannie !*

Quand les fignes caractériftiques du triumvirat furent détruits, on entonna l'hymne fuivant.

HYMNE

A LA LIBERTÉ;

POUR LA FÊTE DU 9 THERMIDOR.

Air : Veillons au maintien de l'empire.

DIVINITÉ du capitole,
Flambeau sacré de nos vertus ;
Toi qui formas à ton école
Aristogiton & Brutus ;
  Liberté ! Liberté !
Reçois l'encens de la victoire :
  Le front des rois
S'incline ou pâlit à ta voix ;
Viens nous rendre, au sein de la gloire,
L'amitié, les mœurs & les lois.

 Ta main, aux flots de la lumiere,
Imprima le balancement ;
Un Dieu façonna la matiere,
Et toi tu fis le mouvement.
  Liberté, &c.

L'oiſeau te chante dans la nue ;
Tu charmes le peuple des mers :
C'eſt toi que le Lion ſalue,
Lorſqu'il rugit dans ſes déſerts.
Liberté , &c.

La nature eſt ton ſanctuaire ;
Mais c'eſt dans le cœur des mortels
Que tu gravas ton caractere
Et que tu choiſis tes autels.
Liberté , &ç.

Laiſſe la Grece & l'Auſonie
Montrer encor de froids tombeaux ;
Tu nous a donné leur génie,
Et nous effaçons leurs héros.
Liberté , &c.

Nous avons briſé nos entraves
Pour nous élancer dans tes bras ;
Le ſol français n'a plus d'eſclaves ;
Les tyrans n'ont plus de ſoldats.
Liberté , &c.

Tyrans , vil fardeau de la terre ;
Contemplez ces débris fumans ;

Vous pouvez braver le tonnerre,
Mais non ce fer & nos fermens.
Liberté, &c.

Après cet hymne, qui excita le plus vif enthou-
fiafme, le citoyen Desbarreaux préfenta au peuple
la conftitution républicaine de l'an 3, parla du
refpect que l'on doit à ce pacte focial & facré,
fe découvrit religieufement, & les fpectateurs ayant
pris la même attitude, parce qu'ils alloient entendre
un adage de la volonté du Souverain, le préfident
de l'adminiftration municipale lut l'article 377. Les
cris mille fois répétés de vive la conftitution, de
vive la République, fuivirent cette lecture, & le
préfident dépofa un exemplaire de la conftitution
fur l'autel de la patrie. Tous les chapeaux étoient
en l'air & tous les cœurs dans l'ivreffe, on chanta
amour facré de la patrie, on fit le tour de l'arbre
de la Liberté, & on regagna la Maifon Commune.

Le lendemain, dès le point du jour, on érigea
fur la place de la Commune une ftatue mi-coloffale
de la Liberté.

A onze heures les autorités conftituées, fuivies
d'un peuple nombreux, fe tranfporterent au temple
décadaire ; elles y furent reçues au milieu des plus
vifs applaudiffemens : dès qu'elles furent en place,

le citoyen Desbarreaux, préfident de l'adminiftration municipale, parla en ces termes.

O Liberté! divinité tutélaire de ma patrie, reçois l'hommage que tout français, ami de notre régénération politique, eft jaloux de te rendre dans cette cérémonie augufte. Les vœux que nous t'offrons font purs; c'eft la vertu qui nous les infpire. Ne fouffre pas que ton culte foit fouillé d'aucune infraction aux lois faintes de mon pays; que les hommes devenus meilheurs à l'ombre des autels érigés à la patrie, & fe couvrant de tes couleurs, ne s'occupent que des moyens de conferver leur indépendance & de maintenir au milieu d'eux la concorde & la paix. Que toutes les qualités fociales foient l'attribut des citoyens qui t'aiment. Que la bienfaifance & l'humanité touchante ravivent toutes les ames, & que le refpect au gouvernement conftitutionnel foit le figne caractériftique qui diftingue & faffe reconnoître l'homme fier d'être républicain.

Hier, citoyens, vous livrâtes aux flammes les attributs de la tyrannie décemvïrale, aujourd'hui, exempts de crainte & confians aux autorités légitimes, vous brûlez un grain d'encens fur la bafe où répofe la ftatue de la Liberté. Il en coûte à nos ames républicaines de ne pouvoir donner à cette folemnité l'éclat que le peuple eft en droit d'attendre des dépofitaires de fa confiance ; mais nous fommes bornés dans nos reffources. Nos fucceffeurs plus heureux prendront un effor plus hardi ; ils n'auront pas le cœur plus pur ni une plus jufte envie de célébrer dignement nos inftitutions nationales ; mais ils feront à votre tête dans des momens plus profperes, & ils auront la gloire de perfectionner nôtre ébauche. En confultant dans nos archives, ils verront au moins ce que nous avons fait, & ils applaudiront aux fentimens qui nous animerent.

Nous irons, au déclin du jour, préfider les exercices de natation que nous avons préparés fur le baffin de la riviere qui arrofe & baigne nos murs ; ces exercices font d'autant plus utiles, qu'en prouvant l'agilité de nos notoniers, ils feront voir à la fiere Albion que nous auffi nous pouvons fournir des marins, pour foumettre l'opulente Carthage ; que nous auffi ayant des ports fur les deux mers, nous pouvons équiper des flottes nombreufes & faire refpecter le pavillon tricolore aux navigateurs infolens de la Tamife. La guerre continentale eft glorieufement terminée, la guerre maritime ne l'eft peut-être pas encore, favorifez donc les mefures que le gouvernement doit prendre contre les propofitions, fouvent aftucieufes, du cabinet diplomatique de Wafminfter, & faites voir aux rois des deux mondes que vous êtes invincibles fur les deux élémens, témoins de notre gloire & de nos triomphes. L'Angleterre a peu d'Annibals pour nous intimider, & nous, français, nous avons plus d'un Scipion pour la réduire. Les vaiffeaux de Pitt peuvent-ils être redoutables à ceux qui ont vaincu les phalanges tudefques que nous ont oppofés les rois du Nord de l'Europe ? Si le pas de charge & la bayonnette ont déjoué les manœuvres des tacticiens du continent, la moufqueterie & l'abordage ne déconcerteront-ils pas les combinaifons routinieres des anglais navigateurs fur l'Océan ? La Liberté a enfanté des héros fur la terre, ne fera-t-elle pas le même prodige fur les deux mers ? Et la République n'eft-elle pas auffi fûre d'avoir des matelots que des foldats ? C'eft au moment même où la paix fe négocie que nous devons nous mettre en état d'attaque ; car la défenfe ne fuffit pas à un peuple dont on menace l'indépendance ; oui, guerre éternelle au cabinet de Saint-James, s'il ne brûle le traité de Pilnitz, & s'il s'obftine à falarier la honteufe cour de Blanckenbourg ; c'eft la République que l'on doit reconnoître, & notre conftitution de l'an 3 qu'il faut que l'on refpecte.

Venez donc avec nous affifter à des jeux que nous n'avons établis que parce que nous avons la certitude qu'ils doivent vous être utiles. Peres de famille amenez-y vos enfans pour exciter leur émulation ; bonnes meres conduifez-y vos filles modeftes , parce que les regards de la beauté font les encouragemens & le plus vif ftimulant pour des athletes français , qui n'ont , dans tout ce qu'ils s'étudient à pratiquer , que la gloire & la Liberté de leur patrie pour objet. Terminons cette fête comme nous la commençâmes hier; ne nous occupons que des moyens de perpétuer & de généralifer , s'il eft poffible , l'union qui regne entre les citoyens.

Je vous le répéterai tous les jours , c'eft à vous divifer que les ennemis du gouvernement afpirent ; reftez ralliés à notre conftitution fainte , & la malveillance eft vaincue ; défendez & refpeƈtez les lois de notre patrie , les agens des princes feront impuiffans dans nos parages fi vous confervez l'attitude que vous avez prife.

Que le 10 Thermidor foit le précurfeur du calme que la paix générale nous promet. Nous touchons à ce moment défiré ; c'eft là ce qui provoque les crimes dont nous avons trop fouvent à gémir , & que les émiffaires des rois conjurés entretiennent & perpétuent pour retarder les négociations qui touchent à leur terme ; aimons-nous , & les pré-tentions impudentes de la gothique monarchie s'évanouiffent ; laiffez glapir les journaux des princes & hurler les vociférateurs impuiffans du fanatifme , la colonne conftitutionnelle eft inébranlable ; gravons fur fa bafe : *haine éternelle au defpotifme, & vive la Liberté !*

Après ce difcours, qui fit la plus vive impreffion, on chanta l'hymne *veillons au maintien de l'empire*, & le cortege reprit le chemin de la Maifon Commune.

A cinq heures de l'après-midi le cortege répartit, précédé de la mufique, & fe tranfporta au port de la Daurade pour affifter aux exercices nautiques qui dévoient avoir lieu fur la Garonne. On avoit placé au milieu de la riviere un bateau, fur la proue duquel il y avoit un mât de beaupré incliné & enduit de favon ; il y avoit à l'extrêmité de ce mât un bonnet de Liberté porté par un rofeau, qu'il falloit atteindre, en marchant debout, pour gagner le prix.

Les juges de cet exercice furent placés fur le bateau, ainfi que la mufique ; la riviere étoit couverte de barques diverfement décorées & de nageurs, curieux de voir quel feroit le vainqueur couronné dans cette fête. Les deux rives du fleuve étoient remplies de fpectateurs nombreux, que ces exercices ne manquent jamais d'attirer. Déja les concurrens avoient fait diverfes tentatives, mais toutes infruc-tueufes ; plus on approchoit du but, plus les échos du rivage répétoient d'applaudiffemens. La mufique encourageoit les athletes, en jouant à chaque tenta-tive heureufe des joûteurs, les airs chéris des français

qui , dans les jeux de la paix comme dans les exercices
de la guerre , ne manqueront jamais de conduire les
républicains à la victoire. Déja le pas étoit moins
glissant , les concurrens approchoient plus du but ,
chacun faisoit des vœux pour le succès de l'athlete
qu'il pouvoit connoître ; enfin il en est un qui s'élença
avec la rapidité de l'éclair ; plusieurs fois il avoit été
très-près de l'extrêmité du mât ; mais , trompé dans
son attente , il s'étoit toujours précipité dans les
flots , & étoit , en nageant avec agilité , revenu sur
le mât qu'il brûloit de franchir ; il eut cette fois
l'avantage sur ses nombreux concurrens , & aussi
léger qu'un enfant d'Éole il enleva le roseau , aux
applaudissemens réitérés des spectateurs des deux
rives

Les tambours , la musique , tout célébra , par
une fanfare militaire , la victoire qui venoit d'être
remportée. Le vainqueur débarqua bientôt sur le
port , & se déroba aux embrassemens de ses concitoyens , pour entendre le président de l'administ-
tration municipale qui proclama Sabatou cadet , de
la 7ᵉ. section , vainqueur des exercices nautiques , &
lui remit , au nom de la Commune , une paire de
pistolets , dont l'athlete couronné promit de ne faire
usage que pour la défense des lois & de la République.
Les autorités constituées placerent le vainqueur au
milieu d'elles , on le conduisit ainsi en triomphe , en
traversant la Cité , jusqu'à la Maison Commune. Tous
les spectateurs s'étoient réunis au cortege ; aussi jamais

n'en vit-on d'auſſi nombreux. Aucun mot injurieux, aucune rixe ne troubla cette touchante cérémonie; tous les ſexes, tous les âges, toutes les opinions étoient confondus, & les magiſtrats jouiſſoient de voir que malgré toutes les provocations, leurs concitoyens étoient heureux & goûtoient les bienfaits de la conſtitution. Arrivés à la Maiſon Commune, le préſident donna l'acolade fraternelle au vainqueur des jeux nautiques, & le peuple ſe retira avec le même calme qu'il étoit accouru à cette cérémonie.

DESBARREAUX, *préſident* ; **LAFONT, SIEURAC, AYMES, MUREL, RIGAILHOU, BEZIAT, MERCIER, VAYSSE**, adminiſtrateurs municipaux.

PHILIP, *ſecrétaire en chef*.

A TOULOUSE,
De chez BESIAN & TISLET, rue Delbiaux, n°. 285.